Pluma de fuego

Mara del Mar

authorHOUSE®

AuthorHouse™
1663 Liberty Drive
Bloomington, IN 47403
www.authorhouse.com
Phone: 1-800-839-8640

Published by AuthorHouse   06/28/2013

ISBN: 978-1-4817-2318-3 (sc)
ISBN: 978-1-4817-2319-0 (e)

Library of Congress Control Number: 2013911695

Agradecimientos

Mi más profundo agradecimiento a quienes pusieron fe en mi obra.

A Ana Oleson, que de veras ha sido un fuerte pilar en momentos cruciales.

A todos mis compañeros y amigos de FanStory, especialmente a Arturo Piñón Borrás (Artigas) y a Soledad García (mi querida Sole1956).

A Rey mi esposo, a mis hijos y a mi nuera Anais García.

Con todo mi amor.

Mara del Mar.

Introducción.

   Pluma de fuego es un libro por y para los que aman o han amado alguna vez, para los que sufren, o han sufrido por amor. Sus poemas abarcan una amplia gama de sentimientos. Aquí se mezclan el amor, la ternura, el despecho y el dolor en una auténtica explosión de pasiones que intenta abrirse paso y alcanzar un lugar en el corazón de sus lectores.

Zoraida Puentes

¡Cobarde!

¡Cobarde!
No aceptas que el dolor
es gran parte de la vida.
¡Cobarde!
Tú renuncias a la flor
por temor a las espinas.
¡Cobarde!
Que te mueres de la sed
por miedo al agua bravía:
¿A dónde irás, mi cobarde,
que te tengan más estima?...

¡Escucha bien mis palabras,
mis saetas encendidas!...
¡Te juro por esa lluvia
que era tan tuya y tan mía,
que nunca vas a encontrar
el alivio a tu agonía!
Y que andarás errante,
sonando a escarcha vacía
mientras se apaga la estrella
de la que hablé algún día...

Yo seguiré mi camino
- camino que merecía-
Pero será tu destino
recordarme mientras vivas
Y buscar con desespero
lo que tanto te ofrecía:
Mi credo, mi amor, mi todo...
¡Hasta el alma que tenía!
A cambio de las migajas
de un amor que me fingías...

(3/11/2010)

Zoraida Puentes

A veces

Aunque todos me abandonen,
tú no me abandones fe
que si en lo oscuro de la senda mi pie tropieza torpe
que tu luz me sirva de escudo y soporte
y pueda levantarme del piso otra vez.
A veces la vida es algo dura
a veces las heridas son punzantes
y donde menos las esperas hay espinas
a veces la angustia es golondrina,
anidando en el alero de tu alma
y a veces recordando un mar en calma
dejas que se vaya tu barca a la deriva,
porque ignoras que la ola embravecida
siempre habita en un fondo de acechanza.
Y he aquí, que ella te arrastra
y no sabes si salir o abandonarte
si te quedas morirás entre su arrastre
y si sales vivirás en su añoranza.
Porque a veces, la soledad es tanta y tanta
que se aprecian hasta las malas compañías
¿Y qué viene después?
Desengaño de la vida
y deseos de seguir, viviendo una mentira.
Aunque todos me abandonen
tú no me abandones, fe....

Agosto/8/2012

Zoraida Puentes

Adiós.

Adiós,
se quebraron las agujas del reloj
y ha quedado en tu lugar un gran vacío
ya mi cuerpo ni siquiera siente el frío
que la nieve del tedio me dejó.

Adiós,
¡Oh, mi extinguido volcán!
Ya no te añoro,
el silencio de tu voz se hizo sonoro
expresivo y manifiesto cual torrente,
que en la angustia de mis noches
inclemente
retumbaba ensordeciendo mis oídos.

Adiós,
guarda de mí, si le place a tu deseo
el recuerdo de mis horas en tu espera
con el último fulgor de primavera
asomado a estos ojos de desvelo.

Adiós,
yo de ti guardaré, lo más sagrado
en cada sitio de mi corazón cansado:
el brioso relincho del rocín dormido
atado con canas de tu buen sentido
junto a todo lo bueno que me has dado.

30/8/2011

Zoraida Puentes

Alas rotas.

Sólo una vez, quiso la vida
-vorágine y locura, fatal sino-
sanar las alas de aquel pájaro herido
para que volara al sol,
su quimera más ansiada.
Curadas sus alitas, las miraba
absorber el calor del mediodía
esperando feliz por aquel día,
sin ver cómo su amor se las quemaba.

Jamás llegó la hora de su vuelo...
Quien debió fortalecerlo
quemó todas sus plumas
y el pobre pajarillo,
ahora habita entre las dunas
de un eterno dolor
donde no hay cielo...

A solas va,
arrastrando con su pena
a la par que se escuchan éstas notas:
"Jamás me confiaré en persona ajena
ni buscaré mi refugio entre las rocas,
todo es hostil en el mundo que dejé
aquí voy a morir, sin una queja"

La triste avecilla ahora es,
una sombra fugaz que el viento azota
escondiendo la amagura y el sinsabor
donde ni la luna ve,
sus alas rotas...

1/9/2011

Zoraida Puentes

Anoche...

Anoche lloré.
Lloré por los muertos, lloré por los vivos
por los que no nacieron
y por quien nunca debió haber nacido...

Yo.

Anoche rompí mi copa de vino
después de escanciar la despensa toda
me salí a la calle, grité como loca
brindé en los portales con cualquier mendigo
y en los pies, de mi regreso a casa
pesaban grilletes de plomo maldito.

Y lloré porque nunca
debí haber nacido...

Anoche cansada llegué ante mi puerta
y al abrirla sentí el soplo más frío
el que no tapan mantas
ni ropas de abrigo,
el frio del alma... tan frio y tan mío...

Y dando mil tumbos me fui hasta la cama
despreciándome más
que a mi condición de beoda
y volví a llorar,
mordiendo la almohada
para ahogar los gemidos
de mi alma sola...

28/2/2012

Zoraida Puentes

¡Ay, amor!

Amor oculto, amor ardiente,
amor que en mi interior es agua y fuego,
raíz adherida, mi madero…

Amor sin murallas ni límite de tiempo,
libre como el pájaro del viento
y prisionero en catacumbas de silencio.

Amor callado,
cuánto te quiero….

Amor que es nudo en manojo de recuerdos
atado y ceñido a mi cuerpo
como hiedra que alimento y aferro.

Ay amor…
siempre te tengo…

Te tengo porque mío es el gemir de tus deseos
y mojas mi figura
en el sudor de tus desvelos.

Ay amor…
de mí eres preso…

De mí eres preso aunque no quieras
y en la noche de tu alma soy estrella,
estrella apagada, agujero negro,
fuerza magnética que atrapa…

Ay amor…
sin ti soy nada…

¿Por qué es así?
Yo que no te hablo,
y tú…
que no me llamas…

5/2/2012

Zoraida Puentes

Bendita llovizna.

Hoy es día de llovizna,
llovizna pertinaz y evocadora
liberando los prismas de un recuerdo
que jamás se ha borrado en la memoria...

Y éstas gotas que hoy golpean
el sediento cristal de mi ventana
serán acaso las mismas que humedecerán tu cara
al caminar una tarde, de regreso a tu casa.

Pero tú no lo sabrás, ni yo tampoco
y así como las horas se enganchan en el tiempo
mojadas de dolor, de nostalgias, de silencios,
así mismo esas gotas, recorrerán tu cuerpo
y regresarán un día para traerme tu beso,
tu beso hecho de ausencia
con sabor a miel de ajenjo.

Por eso, bendita sea
la llovizna que cayendo
me une a ti de algún modo
aunque nunca lo sabremos
ni tú ni yo...
Mi amor eterno...

Agosto/26/2012

Zoraida Puentes

Búscame.

Cuando pierdas el apego a la costumbre
cuando uses tus alas y te atrevas a volar,
cuando te zafes de una vez de esa lumbre
que se vuelve en tu interior oscuridad...

Cuando sepas de verdad qué es lo que quieres
si quedarte en tu sillón, o de pie amar...
Entonces, búscame,
aunque ya no sé si me hallarás...

Febrero/16/2011

Zoraida Puentes

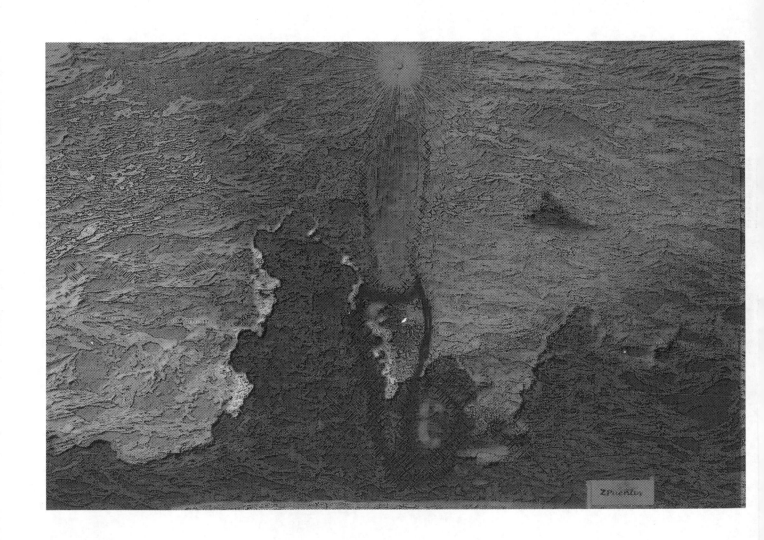

Buscando tu luz.

Adónde mirar, que no vea tu rostro
cómo respirar sin oler tu aroma
cómo salir del vacío que arrostro
y cómo olvidar tu inigualable persona.

Cómo devolver lo que nunca fue mío
adónde he de ir sin la luz de tu aurora
si un bosque de dolor me recibe sombrío
y no está tu mano para asirla ahora.

Navego indecisa en la tenue penumbra
del eco de un adiós, que nunca se dijo
buscando tu estrella que ya no me alumbra
y siempre en mis labios tu nombre bendito.

Tú fuiste la luz de mis noches oscuras
brisa que aplacó mi mar tormentoso
y eras el sol que en la densa penumbra
aferraban mis manos sin paz ni reposo...

No tengo descanso, me duele la vida
hoy la luna es negra cual sol del averno
mi vela está rota, mi nave, perdida,
naufraga en las olas de tu amor eterno.

22/1/2012

Zoraida Puentes

Cambiando un corazón.

Ángel:
Aquí está mi Corazón, te lo entrego...
Yo lo quiero cambiar por uno nuevo
que no sienta, ni padezca
ni se enrede en la ilusión de ningún sueño;

Lo quiero sabio, lo quiero duro
que sea de su voluntad único dueño,
que sepa evadir lo que es etéreo
y aún con lo tangible sea selecto...

Aun más importante:
Mira bien que en su interior
ningún nombre sea grabado
y hasta sería mejor
que en vez de rojo, sea blanco,
porque roja es la pasión
que al otro me lo ha enfermado.

Si puedes ángel,
cúmpleme mi deseo,
pero no lo quiero blando
mejor tráemelo de hierro
y encerrado, por favor
en una jaula de acero...

29/2/2012

Zoraida Puentes

Canción a un amor lejano.

Cuando caiga la tarde, le cantaré al amor...
le cantaré al amor que se fue de prisa
dejándome unos besos que la brisa
mojada de rocío me arrancó.

Le cantaré a aquel amor
que lejos en el tiempo de un ocaso
dejó el calor de un único abrazo,
un olor a mar, y un espacio
que vacío para siempre se quedó.

Le cantaré a él con toda el alma,
con ésta que el silencio malogró
le diré que aún lo amo,
que sigo anclada en aquel puerto lejano
esperando el amor que no se realizó...

...y le cantaré a ese amor,
aunque nunca sabrá de lo que escribo
e ignora que en mis noches lo bendigo
rogándole a Dios para que un día
me de la dicha de volverlo a ver...

A él le cantaré...
        a él
            y sólo a él...

(14/12/2011)

Zoraida Puentes

Cómo decir...

Cómo decir que me mata tu ausencia
que desgaja en dolor mi alma afligida,
cómo decir que aún eres mi vida
cómo decir que no puedo olvidarte...

Que es tan hondo el sentir
que llevo por dentro
que en líquidas gotas
se va convirtiendo
y que ahora,
a esta hora mi llanto
lloviendo amargura
te está recordando...

No quiero respuesta
total, para qué
si fue tan mezquino
lo que pude darte,
tan sólo te escribo
como un desahogo
porque perdí hasta el amigo
a quien solía hablarle...

Cómo decir que tu hoguera,
encendida en mi pecho,
aún arde...

2/1/2012

Zoraida Puentes

Corazón robado.

Yo tenía un corazón,
uno bien bueno,
de esos que no son comprados.
Lo tenía como reserva
porque de tanto sufrir,
el que tengo está malo.

Un día pasó un ladrón
de ojos mansos y buen ceño
se prendó del corazón
y quiso para él tenerlo;
mas no tuvo que robarlo...
yo solita fui ofreciendo.

No fue un ladrón cualquiera
endulzaba cual las mieles
sus palabras azucenas
y su risa cascabeles.
Al verlo, se iba la pena
y el corazón era alegre.

Y lo entregué por completo
con la plena convicción,
de que estaría al resguardo
de sufrimiento y dolor.
Tomándolo entre sus manos,
arrobado lo besó
y al cabo de dos semanas
de su hobby se cansó.

Y allá está mi corazón,
en el piso, en cualquier parte
no quiere volver conmigo
porque solo por él late,
prefiere morir de amor...
antes que irse y dejarle.

Enero /01 /2011

Zoraida Puentes

Cuanto te quiero.

Acaso hoy me iluminó la luna
para que pueda tomar otro sendero
pero mi verdad ahora es solo una:
convencimiento total de que te quiero.

Al filo de palabras emboscadas
candentes como ascuas en el viento
lancé los improperios que la ira me dictaba
por no decirte amor, cuanto te quiero.

Y aleteaba el corazón , ave sumisa
debatiendo entre dicha y desespero
golpeando en la pared de tu alma lisa
y no le abriste amor, aunque te quiero.

Comenzó la lucha final para olvidarte
mis ojos están vueltos hacia el cielo
pidiéndole del alma arrancarte
porque sólo sabe Dios, cuanto te quiero.

No me vas a olvidar, te lo aseguro
en tus venas dormidas puse fuego
quizá la última ilusión de algo puro
y la mataste sabiendo, que te quiero...

2/17/2011

Zoraida Puentes

ZPuentes

De ti, por ti y para ti...

Jamás estaré lejos de ti
aunque años de distancia nos separen,
aunque esté por medio el mar
y no tenga alas, ni pueda a ti volar
siempre cerca estaré para cuidarte.

Vuela raudo el pensamiento
en cada instante
imagino cuanta cosa estés haciendo
en cambio ignoras,
que poco a poco voy muriendo
sin tu aliento, sin tu luz,
sin tu imagen...

Mas no importa,
si es muy poco el tiempo que me queda
trataré de recordar lo más que pueda
de aquellos días felices a tu lado.

Si no puedo olvidar lo que ha pasado
al menos sea lo bueno en mi memoria
como un faro de luz en la ilusoria
quimera de amor que había forjado.

¿Que rehúyes de mí?... Ya no lo dudo,
mas tampoco te culpo en demasía
si no supe llenarte de alegría
y mis lágrimas forjaron el escudo
que a fuerza de reproches te hizo duro,
hasta acabar con lo poco que sentías...

Perdóname por Dios, si te hice daño
no fue mi intención
y estoy arrepentida
y si algo me llevo de esta vida,
junto al seco dolor de tus desdenes,
son las palabras
donde dices que me quieres
y saber que alguna vez,
yo fui tu consentida...

31/8/2011

Zoraida Puentes

22

Dulce veneno.

Veneno, dulce veneno
Veneno que me mata lentamente
Veneno letal que de repente
Llegaste a mí para jamás marchar.

Líbreme Dios de todo mal,
mas del tuyo, no quiera liberarme
de ti puedo beber y no cansarme
y moriré gustosa si tú estás.

De mí puedes tomar toda la sal
La espuma de mi vientre enardecido
Domar la ola de mi mar embravecido
Y yacer entre mis pechos de coral.

En mis blancas arenas reposar
Ese cuerpo varonil que me arrebata
Yo disfruto tu veneno, y si me mata
Me mata de placer, no pido más.

12/11/2010

Zoraida Puentes

Cómo decir...

Cómo decir que me mata tu ausencia
que desgaja en dolor mi alma afligida,
cómo decir que aún eres mi vida
cómo decir que no puedo olvidarte...

Que es tan hondo el sentir
que llevo por dentro
que en líquidas gotas
se va convirtiendo
y que ahora,
a esta hora mi llanto
lloviendo amargura
te está recordando...

No quiero respuesta
total, para qué
si fue tan mezquino
lo que pude darte,
tan sólo te escribo
como un desahogo
porque perdí hasta el amigo
a quien solía hablarle...

Cómo decir que tu hoguera,
encendida en mi pecho,
aún arde...

2/1/2012

Zoraida Puentes

Corazón robado.

Yo tenía un corazón,
uno bien bueno,
de esos que no son comprados.
Lo tenía como reserva
porque de tanto sufrir,
el que tengo está malo.

Un día pasó un ladrón
de ojos mansos y buen ceño
se prendó del corazón
y quiso para él tenerlo;
mas no tuvo que robarlo...
yo solita fui ofreciendo.

No fue un ladrón cualquiera
endulzaba cual las mieles
sus palabras azucenas
y su risa cascabeles.
Al verlo, se iba la pena
y el corazón era alegre.

Y lo entregué por completo
con la plena convicción,
de que estaría al resguardo
de sufrimiento y dolor.
Tomándolo entre sus manos,
arrobado lo besó
y al cabo de dos semanas
de su hobby se cansó.

Y allá está mi corazón,
en el piso, en cualquier parte
no quiere volver conmigo
porque solo por él late,
prefiere morir de amor...
antes que irse y dejarle.

Enero /01 /2011

Zoraida Puentes

Cuanto te quiero.

Acaso hoy me iluminó la luna
para que pueda tomar otro sendero
pero mi verdad ahora es solo una:
convencimiento total de que te quiero.

Al filo de palabras emboscadas
candentes como ascuas en el viento
lancé los improperios que la ira me dictaba
por no decirte amor, cuanto te quiero.

Y aleteaba el corazón , ave sumisa
debatiendo entre dicha y desespero
golpeando en la pared de tu alma lisa
y no le abriste amor, aunque te quiero.

Comenzó la lucha final para olvidarte
mis ojos están vueltos hacia el cielo
pidiéndole del alma arrancarte
porque sólo sabe Dios, cuanto te quiero.

No me vas a olvidar, te lo aseguro
en tus venas dormidas puse fuego
quizá la última ilusión de algo puro
y la mataste sabiendo, que te quiero...

2/17/2011

Zoraida Puentes

El ángel del olvido.

Pasando iba el ángel
silencioso del olvido
y yo que lo conocía
intercepté su camino.

Miróme unos momentos,
sonriendo como un niño
y acariciando mi pelo
éstas palabras me dijo:

-Enfrenta tus inquietudes,
sé feliz a toda costa
y si hubo tiempos mejores
tienes que olvidarlo ahora.

Le dije: -Enséñame cómo.
Me respondió: -Yo no puedo,
fue tan lindo lo vivido
que me da pena romperlo.

Y cuando atisbo en tu mente,
veo que tuviste un cielo
y una estrella rutilante
que lo alumbraba completo.

La estrella ya se apagó
pero aún queda tu cielo,
que a pesar de ser oscuro
destella con los recuerdos.

Debes saber que ya nunca
él regresará a tu encuentro
y tu destino será,
tener que seguir sufriendo...

(11/25/2010)

Zoraida Puentes

El cofre de los tesoros sagrados.

Al resguardo de miradas indiscretas,
ungido con agua de quebranto,
reposa en una urna contra olvido
mi cofre de tesoros más sagrados.

Allí están, muy bien guardadas
cada gema y cada joya que me diste:
-Los "no soy tuyo"
los "no te amo"
Los "con qué derecho
me haces el reclamo"
Y : "si se puede bien
si no ni modo"
los "ahora no,
y después tampoco"...

También guardo los puñales,
envueltos en la piel de la ilusión que me arrancaste
y eran tres, pero recuerda,
que hace algunas horas un cuarto le sumaste:

"No habrá idilio, no me concibo a tu lado,
no dramatices más que te hace daño... "

¿Y el último? Ése fue el más terrible,
lo jamás esperado, lo indecible,
el dolor más punzante, indescriptible:
"Lo tuyo es egoísmo, lo de ella es sublime... "

Y así, tocando a la puerta de tu corazón cerrado,
morí bajo una lluvia que yo amaba
y el agua fue borrando de mis labios
aquellos dos vocablos tan sagrados,
que yo repetía embelesada
y siempre diste tú por descontados:

"Te amo"...

01/05/2011

Zoraida Puentes

El por qué de la ola.

La ola viene atrevida
haciéndose mil pedazos
por un instante en los brazos
de quien le arranca la vida.
Avanza como aguerrida
dama de temibles pasos
no la atarán ni mil lazos
ella besará la roca
y en el sabor de su boca
expirarán sus ocasos.
Guiada por la premura
de sentir esa caricia
sagrada cual la delicia
de un éxtasis de dulzura
se abraza a la roca dura
porque sabe que en su entraña
un río de miel la baña
en la más grande ternura.

(4/4/2011)

Zoraida Puentes

El regreso.

¡Mírame, mar!
Ha regresado tu hija...
Volvió con las alas rotas
Y con la fe destruida,
Un fuego de mil infiernos
Quemándole sus mejillas
Y trae hundido al costado
El puñal de la mentira.

¡Recíbeme, por ese sol,
Que más que brillar hoy llora
Porque al despertar la aurora
Elevé a él mi clamor!
Fue testigo del dolor
Que artero quemó mi pecho
Para desterrar deshecho
El fantasma de un amor.

Soy tu hija, mi valor
Lo presenciaste mil veces,
Pero si el alma entristece
Ya solo queda el pavor.
No me cures las heridas,
Que ya quiero descansar
No hay fuerzas para luchar
Nada espero de la vida.

¡Recíbeme, por piedad!
Acúname en tu regazo,
Entre erizos y sargazos
Sé que encontraré la paz.
He llegado a mi heredad
La que compré con mi vida,
Porque fui siempre tu hija...
Tu hija "Amarga del Mar"

01/17/2011

Zoraida Puentes

El tiempo no traerá tu olvido.

Quien osa decir que el tiempo borra todo
quien pudiera creer semejante mentira
al menos en mi caso, el tiempo es el rescoldo
que entibia los recuerdos más dulces de mi vida.

A veces pasa raudo, a veces pasa lento
va dejando su huella estampada en cada cosa
en cambio sigue intacta aquí en mi pensamiento
como algo inigualable tu imagen venturosa.

Si fuese tan cierto que trae el olvido
no estremecieran mi lecho en las noches
los ahogados sollozos del llanto escondido
que se vierte en silencio para evitar reproches.

Dicen que hubo heridas que el tiempo ha sanado
al menos en las mías su mano no actuó,
pues hoy sigo lo mismo, como ayer esperando
que se abran tus labios para darme el perdón.

Julio/1/2012

Zoraida Puentes

Emperatriz de la nada.

Él me hizo sentir reina
y no era más que su esclava,
esclava de sus besos
emperatriz de la nada,
soberana del espectro
de una nube de esperanza...

Su camino era de piedras
una montaña escarpada,
por donde siempre subía
semidesnuda y descalza
con el corazón hambriento
de la luz de su mirada...

Él decía que era mío
y me dijo que me amaba,
yo me moría de sed
y él, sólo pan me daba
yo me moría por verlo
y él siempre me lo negaba...
Él me hizo sentir reina
y no era más que su esclava...

Yo forjé mis ilusiones
sobre un vendaval de escarcha,
él, con su cetro de nieve
a todas las congelaba.
Hasta que llegó el hastío
hastío duro y amargo,
donde se quedaba todo
y yo salía sobrando.

Atrás se quedó la pena
atrás se quedó mi llanto
pero también quedó aquél,
aquél a quien amo tanto.
Atrás se quedó mi vida;
...¿Delante?...
 Delante sólo hay quebranto...

22/12/2011

Zoraida Puentes

En busca de tu corazón.

Quisiera regresar el tiempo atrás por un instante
y en las sombras de un recuerdo calcinado
volver a sentirte aquí a mi lado
y pensar que me quieres como antes.

Porque otra vez errante es mi camino
y punzantes dolores me acongojan
y otra vez se desgranan como hojas
las horas acerbas del destino.

...Y no hay luz al final de mi túnel tan oscuro
pues siempre voy marchando hacia adentro
buscando entre lo negro aquello puro
que todos se empeñan en llamar recuerdos
y yo digo luz... ¡Tu luz!...
En mi mente,
en mi alma y en mi cuerpo...

Ya nada importa si el día se hizo noche
y la noche se hizo larga en tu espera
¿Qué más puede pasar, que no me quieras?...
Igual te quiero así, con tus reproches.

Yo sé de la espina de unos versos
que entre líneas me dicen que me aman
mas quien sabe amar, nada reclama
quien sabe amar pasa por alto los defectos...

Por eso voy adentro, pues afuera
está lo que se expresa con la boca
pero allá, en el centro de la roca
está tu corazón y aunque no quieras,
bien sabes que de él, yo soy la dueña
¡Por tanto será mío... hasta que mueras!

14/11/2011

Zoraida Puentes

Enseñame.

¿Cómo olvidarte amor,
cómo olvidarte
cómo emerger
de este foso tan oscuro
cómo saber
de las horas el conjuro
del mágico momento
de no amarte?

¿Cómo diluir
gota a gota el pensamiento
cómo arrancar
las raíces de tu amor
cómo acallar
de mis entrañas el clamor
si tu nombre es bandera
ondeando al viento?

¿Cómo abordo
la nave del olvido
cómo arribo
a la orilla de otro sueño
cómo he de destronarte
a ti, mi único dueño?
Enséñame no más...
eso te pido.

Dic. 2010

Zoraida Puentes

Fantasía.

Voy a adornar mis cabellos
con pétalos de la noche
Y de estrellas haré un broche
Para el vestido más bello.
Hoy quiero hacer todo aquello
Que dicte mi fantasía,
Y de tu boca a la mía
Repetir cuanto te quiero,
decir que por ti me muero,
Que no me dejes mi vida.

Hoy quiero ser atrevida
Para enardecer tu sangre
para andar y que desandes
Las savias más escondidas,
Sin caricias repetidas
Siempre en nuevos embelesos
Voy a ser duende travieso
Para amarte sin medida,
Y para quedar ungida
Del enjambre de tus besos.

No retengas los excesos
ardientes de tu pasión
Que mi única ambición
Es verte de mí, poseso.
Que seas pájaro preso
Cuya jaula yo poseo
El bien que arrobada veo
De la noche hasta la aurora
dime, corazón ahora
Si también es tu deseo...

01/29/2011

Zoraida Puentes

Desnudo corazón.

¿Adónde fueron a parar aquéllos versos
que escribí con tanto amor a un ser querido?
¿Quizá por el aire anden dispersos
o se ahogaron en los mares del olvido?

Hoy nada sé... todo es incierto,
sólo sé que perdí lo que era mío... ¡Mío!...
Mío como el viento,
como el soplo de un suspiro
mío como el eco del silencio
o como un relámpago de luz,
rasgando la negrura de mi cielo.

¿Por qué lo conocí?...
Fue amor de sombra,
de dolor infinito, de pasión
fulminante delirio de una loca
que sabiendo lo dura que es la roca
desnudó ante ella
su pobre corazón.

Que vendaval de inesperadas frialdades...
Que abandono total, que indiferencia,
donde antes murmuraban manantiales
hoy resuena el crujir de un barro que se agrieta.

Sin embargo bien sé que es mi culpa,
Pero mira...¡No estoy arrepentida!
Prefiero soportar esta amargura,
a seguir en la ilusión de una mentira...

Octubre/2010

Zoraida Puentes

Hiedra.

El cielo tiñó de rosa mi horizonte muerto
Como albricias en el sueño de un poema,
Me fijé en el borde de una nube
Donde el sol festoneaba una quimera.

¡Ay!... Me enamoré de veras...
No sabía que los ojos de aquella
Iban presos del influjo de otros ojos,
Que a su vez, perseguían una estrella.

"Telle est la vie" como dicen los franceses,
Quién no yerra en la vida algunas veces
Mas las veces que erré, ya no me importan
Me importa esta agonía que ahora crece.

Dejaré que el viento arrastre aquella nube,
Que se vaya cuán lejos se la lleve
En cuanto a mí, jamás al cielo volveré los ojos
Porque no es para mí su lluvia leve.

Trataré de estar en paz sobre la tierra,
Yo no soy ángel, mis alas no crecieron
Sé que no puedo elevarme hasta tu cielo
Pero aquí al menos seré como la hiedra
sobre la muralla, de tu corazón de piedra...

7/2/2011

Zoraida Puentes

Hojas de otoño.

Estoy en la ventana mirando como caen
así tan lentamente las hojas del otoño.
No sé por qué motivo, tu recuerdo me traen
si ellas están muertas y tú eres eterno.

Eterno en mi mirada, eterno en mi cerebro
grabado en mis pupilas, tatuado en mi cuerpo,
impulso de mi sangre y ardor de mis deseos.

Sin embargo es así...
las hojas caen a la par de esta lluvia de mis ojos
y aunque no lo comprendo,
sé que ha llegado tu otoño
y no resistiré la crudeza del invierno...

Porque tal como esas hojas, mi amor
también tú de mí,
estás cayendo...

11/9/2011

Zoraida Puentes

Huellas.

Jamás había brillado más alto una estrella
ni nunca fue tan bello el ideal de un sueño
ni alguien hubo tan fiel en el empeño
de salvar a una ilusión que aún destella.

¡Pero ay!... El tiempo lo que ata lo desata
y es hermano gemelo del olvido
cómplice de todo lo vivido
broma cruel que nos da y luego arrebata.

Por eso mis lágrimas guardé
y llamé a mi corazón a la cordura
es mejor recordar sin amargura
aquella dulce esperanza que abrigué.

Ahora van cerrando las heridas
y aunque queden profundas cicatrices
aún quedan por venir, días felices
que no todo es dolor en esta vida...

16/3/2012

Zoraida Puentes

Imposible.

Arráncale la piel a las palabras
que salieron desnudas de tu boca
arráncale el alma a una roca
o extrae alguna luz de las tinieblas...

Permanece seco entre la niebla
evita que el sol salga diariamente
intenta poner recto al arcoíris
o detén del río la corriente...

Y si piensas que no puedes hacer esto
porque parezcan hazañas imposibles
¿Cómo crees, amor que sea posible
que algún día yo deje de quererte?...

15/1/2012

Zoraida Puentes

Inmortal.

Si en las alas de un tiempo que no existe
pudieran volar las ilusiones de todos los mortales
y traspasar dimensiones y portales
desandar y andar caminos muertos
yo pondría una flor en el silencio
del sepulcro de un amor que a raudales
entró a mis mares como barca de un destino
que luego naufragó en mis tempestades…

Me cansé ya de trillar senderos rotos,
hoy alcé la vista a un cielo sin edad
hay negros nubarrones, es verdad
más también claros celajes allí brillan,
hoy voy a tomar lo que me de la vida
voy a buscar la luz, sin mirar la oscuridad,
caminaré despacio subiendo la pendiente
y llegaré a la cima sin volver la vista atrás…

Allí me detendré, justo un instante
efímero y sagrado, terrestre y no eterno
y luego emprenderé el cruel descenso
rodeada de una luz tenue y blanca,
llevando en lo profundo de mi alma
la dulce convicción de algo muy cierto:
aún cuando en la muerte dormiré
mi amor es inmortal, latiendo entre mis versos…

(4/14/2012)

Zoraida Puentes

Intenso.

Sobre las cenizas de un mal sueño me levanto
con la frente sombría y sudorosa,
mi mano convulsa arranca el llanto
queriendo alejar de mí el quebranto
y desprender del cuerpo horrible pena
¡Que me ha sido aplazada la condena!
Y ahora dice el alma: ¿Hasta cuándo?...

¡Oh, alma ilusa, ya no sufras tanto!
¿Que no ves que en la raya de lo oscuro
el amor brilla feliz, limpio y puro
y que hay un nuevo tiempo por delante?...

Corazón inconforme, ya es bastante
no repases los minutos ni las horas
¡Piensa que el momento en el que lloras
lo pierdes de reír junto a tu amante!

Otros días vendrán, con sus dolores
usa magia y conviértelos en flores
de la manga saca versos de colores
que relumbre el amor, como un diamante.

Si mi voz es poesía que va errante
solo busca un lugar, el más cimero:
Son los brazos del hombre que yo quiero
para refugiarme en ellos un instante.

Y si eso por bondad me aconteciera
en la dicha suprema de un segundo
sentiría a mis pies, postrado el mundo
pues mi mundo no más, está a su vera...

7/5/2011

Zoraida Puentes

Invernal.

Ha llegado el invierno mi amor...
Las lluvias lo trajeron de la mano,
los días serán grises y el sol
esbozando una sonrisa con desgano,
apenas nos dará una pizca de calor...

Llegó y ahora lo presiento
duro, cruel y riguroso;
Habrá frío allá afuera,
pero mucho más adentro
donde late el corazón
de tu llamada ansioso
y reniega la conciencia,
de este sentimiento.

Sí, llegó éste invierno crudo y sin abrigo,
y ha entrado sin tocar a nuestra puerta
trayendo un ataúd largo y vacío,
para enterrar el cuerpo de mi esperanza muerta
junto al triste idilio
que soñé contigo...

2010-11-05

Zoraida Puentes

Juego invernal

¿A qué jugó el invierno,
a qué jugó el invierno a cada instante?
Jugó a ser eterno,
jugó a ser mi amante.

Amante apasionado...
amante apasionado que no ansío,
que vive de mí enamorado
y toca mis labios con su beso frio...

Blanco invierno,
blanco invierno de alma negra...
Ya tuve mi lugar en tu infierno
y hoy quiero vivir la primavera...

Quiero refugiarme en el suspiro
que va rasgando el pecho de mi amado,
estar con él, sentirlo mío...
y que nunca me apartes de su lado.

Vete a jugar en otros lares
y deja volar mis golondrinas,
enviaré con ellas mis pesares
a evaporarse en el sol de un mediodía...

Porque ya no aguanto,
porque ya no puedo soportar tu juego,
vete en paz llevándote mi llanto
y déjame ser feliz... si es que aún puedo...

(1/12/2011)

Zoraida Puentes

Juramento vano.

Batían las olas del mar de la inconstancia
en el arrecife gris de mi melancolía,
con mano temblorosa arrancaba las lágrimas
que iban ardientes hasta mi barbilla.

La mirada náufraga, cual ave perdida,
quiso abrir las alas, y buscar un puerto
pero era tanto el cansancio, que cayó rendida
bajo el peso doloroso del triste recuerdo.

Ahogando sollozos me llené de orgullo
y en aquella noche sublime y nefasta
juré que olvidaría hasta el semblante suyo
y las bellas lisonjas de sus palabras.

Vano juramento de hora dolorosa
como pretendí que hacerlo podría
resulta que al fin, también fui mentirosa
pues lo sigo amando, más cada día.

(Octubre/2010)

Zoraida Puentes

La paz de los sepulcros.

Vagando voy entre cruces con la mirada vacía
No tengo miedo a las tumbas, las tumbas no son tan frías;
Más frías son las palabras cuando no se espera oírlas
Más agudas que una daga, más punzantes que una espina.

Entre las tumbas hay paz, no hay dolor, no hay heridas
No hay ofensas ni reproches, ni vergüenzas escondidas
No hay planes ni proyectos, ni temores, ni estampidas
Entre las tumbas me hallo, en calma, bien protegida.

Vagando voy entre cruces, con la mirada perdida
Huyendo de los conflictos que me ha dispuesto la vida
Que ya no tengo ni fuerzas, ni deseos de vivirla
Que estoy cansada de ella y quiero yacer rendida.

Diciembre/27/2010

Zoraida Puentes

La canción de la lluvia.

La lluvia está cayendo y simplemente
despierta uno por uno mis sentidos
quisiera sentirme resguardada
al amparo de tu pecho, como abrigo.

Pero no es así, yo sigo sola,
anhelando tu cuerpo junto al mío
separada de ti, y a toda hora
sintiendo el escozor de un gran vacío.

Tú estás en cada beso que se esconde
en mis sábanas dolientes de ausencia
cuando llena mis ojos otra lluvia
que solo escampará con tu presencia.

Por eso en esta noche tormentosa
no puede resultarme el agua ajena
porque afuera arranca hojas de las ramas
y a mí me arranca el alma de la pena.

3/7/2011

Zoraida Puentes

La cárcel de una pena.

Detrás de gruesos barrotes,
Entre murallas de piedra
Ella va dando alaridos
Que el viento ni trae ni lleva.

Pálida y desmelenada,
Cual fantasma entre la niebla
Trata de escalar la roca
Mas no puede aunque lo quiera.

Y se sube, pero a poco
Su cuerpo da con la tierra
Y sus ojos se dilatan
Con una rabia muy fiera.

Esa rabia la levanta,
Cual dolor de parturienta
No podrá escapar de ahí...
¡Porque soy yo quien la encierra!

Y mientras mi amor exista
Seguirá entre sus cadenas
Cadenas que yo arrastré
Tan solo por culpa de ella...

Ahora me toca a mí,
Gozar la dicha más plena
Y ella que se quede allí...
¡Que se quede allí... mi pena!!!

Enero/23/2011

Zoraida Puentes

La copa de vino.

Sobre el blanco mantel de una promesa
yace olvidada una copa de vino;
era para el brindis de aquel viernes
que lejos en el tiempo cambió mi destino.

Se apagaron los pétalos de luz de mi estrella
estrella que era flor de relumbre divino,
me rodearon las sombras fugaces y etéreas
de los bellos momentos que juntos vivimos.

Nunca más fueron las horas felices
nunca más la vida me ofrendó su trino
pero yo he guardado, la copa sagrada
porque he de beberla al final del camino...

Mas hoy anda errante mi voz en las aguas
aguas que forjaron tu ilusión y mi nido
y mientras espero por una palabra
la luna se mira en mi copa de vino...

20/1/2012

Zoraida Puentes

ZPuentes

La llovizna y tu recuerdo.

Hoy es día de llovizna,
llovizna pertinaz y evocadora
liberando los prismas de un recuerdo
que jamás se borrará de la memoria.

Estas gotas que hoy golpean
el opaco cristal de mi ventana,
serán acaso las mismas que salpicarán tu cara
al caminar una tarde, de regreso a tu casa.

Pero tú no lo sabrás,
ni yo tampoco
y tal como las horas se enganchan en el tiempo
impregnadas de dolor,
de nostalgias, de silencios,
así mismo esas gotas,
recorrerán tu cuerpo
y regresaran un día
para traerme tu beso,
tu beso hecho de ausencia
con sabor a miel de ajenjo...

Por eso, bendita sea
la llovizna que cayendo
me une a ti de algún modo
aunque nunca lo sabremos,
ni tú, ni yo
mi gran amor...
mi amor eterno.

7/3/2012

Zoraida Puentes

La paz ansiada.

En algún remoto rincón del universo
debe estar anclada la paz que tanto ansío
marcada en la fecha del viejo calendario
de un tiempo que no existe, que nadie ha vivido.

Lo sé, porque a gritos la vida me reclama
diciendo que al final ya estamos del destino
y no hubo ayer feliz, ni luz de primavera
que solo hubo llanto y dolor en mi camino.

Que nos tocó escribir la historia equivocada
mirando el famoso paisaje de aquel puerto
que aparece fugaz, erguido entre las brumas
cual triste fantasma, que no se da por muerto.

Y aquí estoy con mi vida, que amarga me reprocha
que no valió la pena lo mucho que he sufrido
después de tanto amar, para obtener a cambio
engaño, desamor, tristezas y olvido.

Por eso mi esperanza que hoy de negro viste
mañana hará fiesta y de blanco inmaculado
marchará feliz, para levar el ancla
y traerme la paz, que siempre he ansiado.

3/11/2011

Zoraida Puentes

La última cabalgata.

Por el árido lecho de mis ojos
desfila lentamente el recuento de mi vida.
Yacen en el fondo de las cuencas
rostros no olvidados
que hace tiempo
también pertenecieron a esta vida.

Estoy en la pendiente
cuesta abajo
sin deseos de luchar esta partida.
¡Qué más da que gane o que pierda
si al final nada es verdad,
todo es mentira!

Lo único cierto que se tiene
es la triste realidad de los recuerdos
de cosas amarradas a la mente
y a veces, tampoco es verdadero,
porque sabes bien lo de tu parte
¿De la otra? Seguro te mintieron.

Con ese cinturón, hoy ciño mis caderas
e invoco al rojo caballo de la tarde...
Él sabe quién soy, de que estoy hecha,
de cómo mis talones aprietan sus ijares,
el freno suelto, camisa al aire
de cara al viento sibilante,
cabalgo todo el tiempo hacia adelante
para saltar de una vez...
la ansiada brecha.

3/1/2011

Zoraida Puentes

68

Llamada.

Ven,
dame la caricia de tus dedos fríos,
hazme sentir el gélido aliento de tu beso,
quiero darte mi cuerpo en un suspiro
y acompañarte por fin al viaje eterno.

Al menos tú, esperaste por mí,
y en cada esquina me pusiste acecho,
al menos me tuviste en la memoria...
¿Que otros?...

Ni siquiera eso...

21-01-2011

Zoraida Puentes

Llamas de dolor.

Qué intrincados los pasillos del laberinto del alma,
que lentas pasan las horas cuando nos deja la calma
y allá adentro, muy adentro, hay una voz que reclama
que te exime, que te acusa, que te odia y que te ama
y va sacando a la luz, todas las cosas amargas:
Las burlas, las ignominias y las palabras calladas,
repitiendo cada una por si quisieras ahogarlas,
en el rincón de un sollozo, que se anida en tu garganta...

Y quedito en el oído, estas lecciones desgrana:

Que no hay noche gris, ni luna blanca.
Que la noche es negra y la luna falta
si el vibrar de una cuerda solitaria
se hunde en la carne como una garra
y ahora nadie tu herida lava...

Y que te hunden, y que te matan,
porque una mano se extiende como salida de nada
para arrancarle la vida al amor de tus entrañas
y cien milenios de culpas, se suben a tus espaldas...
Si son tuyas o ajenas, igual tienes que llevarlas
que eres chivo expiatorio de los pecados del alma
donde la ilusión gemía sobre un desierto de llamas
sin levantar la cabeza por temor a las espadas...

De todos modos perdía, porque igual se le mataba...

No hay tregua, no hay acuerdo, todo tiembla ante tus ojos
y hay una senda de abrojos por donde tus pies descalzos
van subiendo hacia el cadalso después de cruzar el lodo...
Y hay más, eso es no es todo... que aún es poco -dirán
los que nunca ofrecerán su mano franca al caído
ni escucharán el gemido de quién pena en soledad
y culpan de liviandad a un corazón vencido...

¿Y el descanso?...¿Y el alivio a tu congoja?...
¡Rodaron como las hojas, tristes del valle perdido
sin encontrar el camino donde fenece la aurora,
y hasta esta misma hora van muriendo en el olvido!...
Ya me callo, no prosigo... ¿A quién le duele el dolor
del apagado clamor del aire que yo respiro?
Fui espuma, yo fui sal...fui ola... ¿Hoy...?
Hoy me encuentro triste y sola y apenas soy, un suspiro...

Nov./2/2010

Zoraida Puentes

Lo que es amar...

Me dijiste que no intentara enamorarte
y eso fue lo que hice a toda costa
¿Que fallé?...
A quién le importa,
al menos lo intenté
y a mí me sobra...

Pero has de saber algunas cosas
que a pesar de tu experiencia estás obviando:
En el amor no hay por qué
cómo ni cuando,
en el amor siempre se espera
aunque sea llorando.

Es mi sino esperar siempre a quien amo
y te duele, porque aprecias
que se escribe sin pensar en las palabras,
que simplemente se derrama el alma
por el ardiente agujero de una herida
y cae en poesía convertida
estampando su huella
sobre el pliego de una lágrima.

Y ya ves, soy mar en calma,
mas mi fondo, lo conoces: ¡Turbulento!
Jamás podré esconder mis sentimientos,
mis palabras no las digo: ¡¡Yo las siento!!

Por todas estas cosas, sin embargo
hasta hoy yo sigo siendo tu cautiva
y sólo deseo que tu vida
sea placentera en todo aspecto.

Pero oye... piensa en esto:
¿A qué le llamas amar?
¿Al querer? ¿A la costumbre,
quizá a la gratitud, o a la paz de un hogar?
Eso no amor...
¡Amar es vibrar,
juntar la pasión con el pensar,
buscar las mismas cosas para soñar,
amor es risa, llanto!... Pero nunca soledad...

Si sumaras bien la cuenta, hallarías:
que te da miedo volar al calor de otro nido,
que le temes a probar como sería conmigo
por apego a la mujer que ha sido buena contigo.

Sé que ella te dio más, de lo que yo te daría...
Lo reconozco, lo admito
hasta me provoca envidia.
¡Pero amarte! ¿Más que yo?
¡Eso imposible sería!...

24/12/2010

Zoraida Puentes

72

Luces y sombras.

En la orilla de la playa de un recuerdo
se escuchaba la voz de una sirena
tan pálida su faz, como la arena
tan vibrantes sus notas, en el viento...

¿Quién habita el mundo del silencio
cuando pone en los azures tonos rosa
y quién en la noche tormentosa
sabe hallar la paz de lo siniestro?...

¿Quién pudo derramar el sentimiento
sobre la página seca de un olvido
y revivir el ánima de alguien muy querido
que en el fondo de las aguas yació muerto?...

¿Quién desde la oscuridad de su intelecto
prendió luces de aurora a sus poemas
para cantar todas las glorias y las penas
y dijo ser feliz aun sufriendo?...

¿Quién sigue suspirando por lo eterno
de un amor que encontró en su camino
y arrió sus velas de barco peregrino
dejándose llevar por rumbo incierto?...

Ya no hay barco ni vela, sólo un sueño
se mece como alga entre las olas
y le dice que jamás ha estado sola
que siga esperando su regreso...

4/1/2012

Zoraida Puentes

2Puentes

Luminosa y confidente.

Luna, eres de plata...
misteriosa dama que seduces al poeta
cuando sensual y coqueta
rielas sobre las aguas...

Tu luz me llama, tu luz me ata...
tu luz es ola de espuma
que bate entre las brumas
del vendaval de mi alma...

No sigas rielando luna,
en lo denso de mis aguas
mis aguas que son de mar
mis aguas, que son saladas
mis aguas que nadie bebe
porque resultan amargas...

Ya no me provoques luna,
luna, te prefiero blanca
dormidita allá en el cielo
con las nubes por enaguas.*

Recoge tus rayos luna
porque si bien me enardecen
tú sabes bien que fenecen
sin esperanza ninguna.

Para que quiero tu luz
iluminando mi cama
si ya no tengo conmigo
al amor de mis entrañas
y si no estoy junto a él...
la vida no vale nada.

21/3/2012

Zoraida Puentes

Luz de luna.

La luna me conquista, me enamora
me enardece y me atrae bajo su hechizo
cuando asoma al cristal de mi ventana
recordando cuando yo estaba contigo...

Subyugada me salgo de la cama
sin más prenda que mi piel como vestido,
se da prisa y me envuelve en su luz blanca
y recuerdo cómo es, estar contigo...

Voy afuera... el mar es un espejo
copia fiel del cielo adormecido
la luna está en el mar... y él en ella
¡Ay amor!... Si pudiera estar contigo...

Siento el frio acariciándome la espalda
y me cubro con el manto de tu olvido
veo a la luna, columpiándose en el agua
y sigo deseando estar contigo...

Me siento volar... me siento etérea
besándote en la boca me imagino
no hay tiempo amor, ni hay distancia
con la fuerza de la mente estoy contigo...

Así estamos, el mar, la luna y yo
despidiendo este viernes tan distinto
y vuelvo a la cama, desnuda de tus besos
sintiendo que mi alma, voló allá contigo...

Por fin me llega el sueño con la aurora
de otro sábado dispuesto en mi destino
y puedo al fin dormir algunas horas
y en mis sueños amor... estoy contigo.

8/2/2012

Zoraida Puentes

Metamorfosis.

Estoy aquí, todo es oscuro
un día romperé con estos muros.
Sé que he cambiado,
ahora crecen alas en mi espalda,
son alas que me dicen que soy fuerte
y puedo volar sin que me caiga.

Y he de volar, la cárcel mata
la cárcel de mi cuerpo y de mi alma
las voy a rasgar con estas garras
que antes eran dedos
para acariciar tu cara...

Me verás partir y estarás contento,
y hasta gracias le darás al firmamento,
quizá con las palabras más sentidas:
-Ufff! Se fue la insidia...
¡Qué bien me siento!!!
Ahora marchará mejor mi vida...

3/8/2011

Zoraida Puentes

Mi corazón dormido.

Guardé mi corazón en mar profundo,
donde las algas del tiempo lo adormecen
porque tanto y tanto ha sufrido
que la mitad de él, se ha vuelto nieve...

La otra mitad, es sólo agua
como el agua de tu lluvia ya pasada,
aquella de los sueños que forjaste
en los cuales bien sé yo, que no estaba...

Entre corales azules, está dormido
quién latía con fuerza inusitada
y al sólo pensamiento de tu nombre
en la cárcel de mi pecho aleteaba...

Sin embargo a veces, aún se agita
irradiando en su entorno suave luz
y callan su rumor las caracolas
porque saben que en su sueño, estás tú...

13/2/2012

Zoraida Puentes

Mi eterno amor secreto.

Yo tengo un amor...
Amor callado... doloroso... castigado,
tan lleno de luz y en las sombras enterrado.
Yo tengo un amor,
que en el alma de mi alma va prendido
como algo sublime que no olvido
y a fuerza de callarlo me hace daño...
Yo tengo ese amor...

Y en el peldaño
más próximo al sol, está su nombre.
No es un ángel... es... sólo un hombre,
que contra toda ley
estatuto o decreto, llena mi presente
como ayer llenó el pasado
y aquí en mi corazón está latente,
a pesar de ser
por fuerza tan discreto.
Mi eterno y dulce amor,
mi admirado
¡Mi admirado amor!
Mi amor secreto...

23/11/2011

Zoraida Puentes

Mi pueblo.

(A Manuel Lazo, "El Cayuco")

Mi pueblo de calles sucias
y de gente luchadora
mi pueblo es como la aurora
que siempre a la noche trunca.

Es un himno en la memoria
que no desmaya en el tiempo
y en los trenes del silencio
viaja escondida su historia.

A mi pueblo no lo agobia
pobreza o necesidad
porque la fraternidad
que por sus venas transita
revierte en cosas bonitas
cualquiera calamidad.

Cuando azotan huracanes
desvencijando sus casas
por donde miras o pasas
puedes ver en sus afanes,
la voluntad de titanes
la mano franca y cordial
cual antídoto del mal
levantando con bravura,
lo que la madre natura
tuvo a bien desbaratar.

Mi pueblo es como un chamaco
entre el mar y el veguerío
allá en Pinar del Río
tierra del mejor tabaco,
donde suena el arrumaco
de la décima entonada
cual sitiera enamorada
que va despeinando el aire
con frescura y con donaire
sobre una jaca dorada.

Mi pueblo de ancha sonrisa
y de mirada sincera
siempre pegado a mi vera

como una tierna premisa,
me envuelve en la suave brisa
de la campiña cubana
mientras que su aliento emana
olor a mar que se añora
y canta la caracola
que podré volver mañana.

(1/5/2011)

Zoraida Puentes

Mi sueño.

Mi sueño es llegar a ti como el reflejo
De un rayo de luna en la enramada
Contemplar tu rostro, caricia de mi alma,
Verte soñar feliz de madrugada,
Envuelta en el ropaje transparente
Del velo sensual de los que aman,
Y así, suspendida sobre el lecho
Jugar con los vellos de tu pecho
Y arroparte después con la mirada...

Yo sueño contigo,
Soñar no cuesta nada...

Enero/18/2011

Zoraida Puente

No te vayas, verano.

No quiero que te vayas, mi verano,
El último confín de mis amores
Prolonga la caricia de tus soles
Y deja algo de ti, entre mis manos.

Porque sé que te vas y yo te amo
Con lágrimas de sal riego tus flores
Contemplo la beldad de tus albores
Y en arenas de nostalgia, te reclamo.

No quiero que te vayas, pues yo siento
Que al partir dejas en mí un gran vacío,
Algo que no tuve jamás, pero era mío
Se irá cuando te marches, lo presiento.

Una lágrima, un suspiro, un recuerdo,
Mis labios que temblaron encendidos
Y a pesar de no ser apetecidos
Aún esperan la caricia de su beso.

No quiero que te vayas, será otoño
Las hojas caerán, mustias, marchitas
Y así mi corazón, que aún palpita
Caerá sin la esperanza de un retoño...

Octubre/2010

Zoraida Puentes

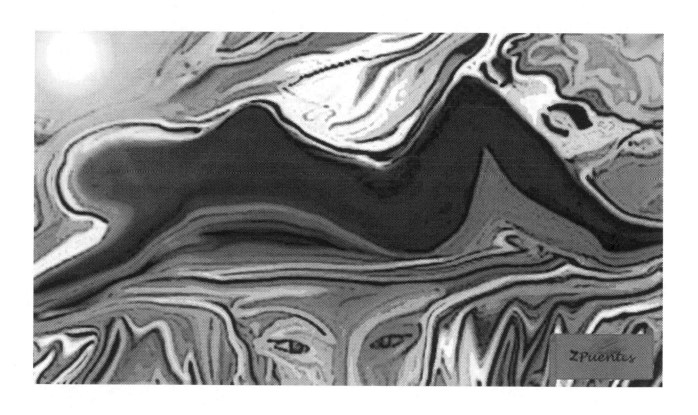

Noche de embrujo.

La noche tiene ojos de jade,
y el sol se ha dormido
sobre mis piernas
mas yo te espero,
aún despierta
apasionada y febril
romántica y tierna.

Ven, que la noche es joven
ven, que la luna alumbra
sobre el lecho intacto
mi piel desnuda...

Tócame amor,
soy tu guitarra...
afina las cuerdas de mi cintura
y bebe en mis labios
la miel más pura
refinada en el fuego
de mis entrañas...

Siénteme amor...
sobre tu nuca mi aliento quema
y tiemblan tus manos
en mis caderas.

Tómame amor
porque mañana
quizá no sintamos
las mismas ansias...

3/3/2012

Zoraida Puentes

Noche de invierno.

Esta noche de desvelo y de recuerdos
En que el viento sigue aullando en mi ventana
Y cala el frío hasta el centro de los huesos,
Mientras enjugo el llanto en la almohada...
Desfilan los recuerdos de otra noche
Más fría, más cruda, y a la vez más cálida.

Esa noche de invierno nació un sueño
En las alas del aire enlloviznado
Esa noche de invierno fue el entierro
De todos mis temores, dudas y reparos,
Porque al calor de un corazón que palpitaba
Resucitó la ilusión que había muerto.

Unos ojos me gritaban que me amaban
Y unos labios repetían -No te quiero.
Y llevada del impulso de mi sangre
Impetuosa proferí estas palabras:
-¡Anda y di la verdad, no seas cobarde
Dime eso si te atreves, cara a cara!

¡Ay, como vi en la pantalla
Estremecerse su piel y hasta su alma!
Esa noche temió que me alejara,
Y bajó la defensa en sus murallas...
Esa noche él fue río y yo mar,
El mar que ansioso lo esperaba...

Enero/2/2011

Zoraida Puentes

Noche de tormenta

Aulló el aire en mi ventana
queriendo que le abriera a tu recuerdo
mas yo la deje bien atrancada
detrás de una muralla de silencio...

Y sopló el aire con más fuerza
iracundo y despechado como un hombre
y en medio de la noche de tormenta
lanzó dardos de lluvia con tu nombre.

¡Ay de mí!... ¿Cómo pudiera
diluir tu recuerdo en el olvido,
dejar tu nombre bendito allá fuera
y hacer cuenta de que nunca has existido?...

Bien sabes y bien sé que no hay manera,
que lucho una batalla sin sentido,
por eso mi ventana hoy está abierta
y a tu dulce humedad abrió el postigo...

Agosto/27/2012

Zoraida Puentes

Nuestro camino.

Nuestro camino ya
se siente enfermo,
y ha ido a sentarse
donde medra el olvido,
en su lomo cansado
casi hecho un ovillo,
aun siguen las huellas
de aquel nuestro idilio.

Son huellas profundas
húmedas de lágrimas,
y entre los abrojos
que hay en las orillas,
azotadas por un viento
que nunca se calma,
flotan banderillas:
jirones de mi alma.

Camino hasta él
con trémulos pasos,
pálida y convulsa
levanto la mano,
y acaricio la espalda
que yo amara tanto,
mi camino fue dicha
fue luz y hoy...
es sólo quebranto...

3/12/2011

Zoraida Puentes

Nuestro poema.

Escribiré un poema,
en cada lágrima del tiempo,
en cada gota de la espera,
en cada latir de la distancia
y en cada rayo de sol sobre la arena...

Escribiré un poema,
en cada esquina inútil de mis alas,
en cada crujido seco del hielo de mis noches,
en cada agujero tibio donde escondo tu fantasma
y en cada sollozo amargo ahogado en mi garganta...

Escribiré un poema,
en cada rincón desolado de mi cuerpo
en cada intento fallido de abrazarte
en cada letra de la frase "No te amo"
y en cada vez que recuerde que jamás me amaste...

Escribiré un poema,
en cada página que no sucumba ante el olvido,
en cada lluvia que recuerde tu tristeza,
en cada estremecimiento de tu rocín dormido
Y en cada rasgo de ti, que mi memoria lleva...

Escribiré un poema, nuestro poema...

Noviembre/1/2011

Zoraida Puentes

Nunca sabrás...

Nunca sabrás que en mis noches te nombro,
Que recuerdo tu cara y dibujo tu cuerpo,
Que hiciste de mi vida un montón de escombros
Y aún entre ellos mi amor no se ha muerto.

Que extiende la mano igual que Caronte,
La mano descarnada, huesuda y vacía
Pidiendo el salario que le corresponde,
Y con una migaja se conformaría.

Nunca sabrás que esta historia fue bella,
Que viví a plenitud cada hora pasada
Nunca sabrás que fui tu plebeya
Y tú el amo absoluto que me dominaba.

Y tal vez una noche, al pasar de los años
Si Dios lo concede y aún no hemos muerto
Tú mires al cielo, sintiendo algo extraño
Porque así de pronto llegó mi recuerdo.

Tal vez poses los ojos en la misma estrella
Que en ese momento yo esté contemplando,
Y sentiremos el influjo de una presencia etérea
Como si alguien muy querido, estuviese mirando.

Y ésa noche hallaremos muy frío el lecho
Y habrá en nuestros labios, un sabor amargo:
Ese que nos deja, un único beso
El beso imposible del amor lejano...

Octubre/2010

Zoraida Puentes

Oda a tus manos.

Tus manos creativas, inquietas, nerviosas
haciendo figuras por verme reír
las llevo guardadas entre varias cosas
aquí en mi recuerdo sin dejarlas ir.

No sé cómo pueden formar corazones,
un ave que vuela directo hacia mí
¡Ni cómo revuelven tantas emociones
que me hacen pequeña, dichosa y feliz!

¡Tus manos son canto de amor a la vida
dan luz a lo oscuro, fugaz colibrí
alitas relumbrando en la amanecida,
por tocarlas diera, cuanto poseí!

Les canto a tus manos de blanda ternura
dos pájaros presos cuya jaula abrí,
las arrullo entre besos de intensa dulzura
tus manos despiertan mi hondo sentir...

17/9/2011

Zoraida Puentes

Odio este silencio.

Odio éste silencio que hay entre nosotros
como amo la luz, que te puso en mi camino
por qué nos ahogamos callando palabras
si con toda el alma, podemos decirnos:
que sí nos amamos, que sí nos queremos,
y que estando lejos, ya nada es lo mismo...

Porque solté las amarras de tu barco anclado
y levando el ancla, se perdió mi orgullo
porque arrié sus velas sangrando mis manos
ahora vivo en ti, como algo muy tuyo.

Lo sé porque he visto, dolorosa y amarga
cual ave escondida, una ardiente lágrima
que altiva se niega a tocar tu mejilla
oculta y sujeta, allí en tus pestañas.

Y sé lo que duele... lacera y lastima
frenar al corazón con tanta saña,
contener las aguas que buscan salida
y ahogar sin proferir las dulces palabras.

No callemos más, el silencio nos daña
prometo decir todo, sea malo o bueno
prometo entender la expresión de tu habla
hablemos libremente, amor te lo ruego.

Odio éste silencio...

10-02-2011

Zoraida Puentes

¿Olvidar?

Olvidar… ¿Cómo podría?
¿Si llegaste como un soplo refrescante
como un rayo de luz, como un diamante
si hiciste que mi noche fuera día?…

No te voy a olvidar…
Ni puedo ni quiero desterrar tu pensamiento
hay quien dice que agonía es lo que siento
yo digo que es amor… y quiero amar…

Quiero vivir este goce infinito
del éxtasis de tener siempre en la boca
el dulce sabor de tu bendito ¡Bendito nombre!…
Que me excita, me apasiona y me provoca.

Porque eres pleno sol, que en mi invierno
derritió la nieve amontonada ante mi puerta
por ti yo vi la luz y un azul cielo
por ti resucité, después de muerta…

¿Olvidar?…
Quizá un día, mas no ahora
aunque muchos me imaginen ya vencida
¡Qué pena me dan, porque estoy viva!…
Ahí en tu corazón… dueña y señora…

7/10/2011

Zoraida Puentes

Otro ocupa tu lugar.

Acaso crees que por tu amor yo peno
y el pensar en eso me da risa
¿Es que olvidaste con qué prisa
inoculaste en mí tanto veneno?

¿Y las noches vacías de caricias,
mojadas de esperanzas,
salpicadas de mentiras?...

¿Qué quieres de mí, di: qué reclamas,
por qué a deshoras de la noche llamas
y en un rincón de tus deseos encendidos
requieres un amor que ya es prohibido
y hace mucho que huyó por la ventana?...

Tú sabes que te di cuanto tenía,
entregué en tus manos las llaves de mi vida
y fueron tus "te quiero" oropel de fantasía
envuelto en el rescoldo
de un hogar que no existía...

¿Qué hay otro? Bien lo sabes,
como sabes que jamás te mentiría
pero he de decirte unas palabras
que guardé para decirlas este día:

No me busques, no soy tuya
si un día lo fui, ya ni me acuerdo,
y si hoy busco al amor en otro puerto
fue huyéndole al dolor de tus injurias...

6/4/2011

Zoraida Puentes

Palabras en el viento.

Estas palabras, traídas por el aire
llegaron hasta mí como el espectro
del eco de un fantasma que no ha muerto
un fantasma infeliz, que no es de nadie...

Ya lo sé, nada es perfecto
ni aun al silencio hay quien lo acalle
hay palabras que hieren cual puñales
y destruyen la vida en un momento...

Hay luces engañosas, cual luciérnagas inertes
que marcan un incierto derrotero
y después que extravían al viajero
apagan su esplendor, dejándolo a su suerte...

Por eso las palabras, llegaron en el viento
suavizadas como el trueno en lontananza
mas yo las archivé en mi cerebro,
y estas son:
Mientras haya vida,
también hay esperanza...

(26/3/2012)

Zoraida Puentes

Palabras mentirosas.

Sabrás de mi regreso por la brisa
Sabrás de mi regreso por las hojas
Sabrás de mi regreso por la prisa
Con que latirá tu corazón en esa hora.

No pienses mucho en mí, no lo merezco
Soy flor de una sola aurora,
Vivo el presente, el mañana lo aborrezco,
¿Y el ayer? Un sueño fue, o una broma.

Vivo cada día intensamente
Por donde fui una vez, jamás retorno
Nunca como el mismo plato por dos veces
Y me gusta cada vez un nuevo adorno.

Fue bueno saber de tu existencia,
A veces me entretuve con tus cosas
Pero llega a empalagar hasta la esencia
Sutil del perfume de las rosas.

Espero que estés bien, y no me busques
Por el bien de los dos, como dijiste
Guarda de mí, un recuerdo dulce
Que yo de ti, olvidaré lo triste.

Octubre/2010

Zoraida Puentes

Palabras.

Tú y yo...
sólo palabras
palabras que arrastró un viento fuerte
sobre las arenas engañosas
de un desierto ardiente...

Tú y yo...
sólo palabras
palabras dulces, de borde hiriente
agua que en la roca se evapora
sin saber qué siente...

Tú y yo...
sólo palabras
palabras calladas, reprimidas
olas que impetuosas se elevaron
sin ser contenidas...

Tú y yo...
sólo palabras
palabras negadas a ser dichas
muertas por soberbia en nuestros labios
fin de nuestra dicha.

Tú y yo...
sólo palabras
palabras que son para decirlas,
las hay que debieron morir antes
de haber sido oídas...

28/1/2012

Zoraida Puentes

Para llegar a ti.

Para llegar a ti, fabriqué un puente
Desde el efímero confín de mi diseco orgullo
Hasta el centro del ser del amor tuyo,
Al que sentía frío e indiferente...

Pero vi tu lado débil, de repente
En un temblor imperceptible de tu boca,
Y supe que por fuera eres de roca,
Mas por dentro fluye manso tu torrente...

Y me aferré a ti, con uñas y con dientes
De toda sacudida escapé ilesa,
Tomé tus murallas por sorpresa,
Llegué a tu corazón que ya me siente...

Pero ay amor... el tiempo es inclemente
La dicha y el sosiego son quimeras,
Llegará ese día en tú ya no me quieras
Y yo ruede cuesta abajo en la pendiente...

Por eso hoy, que está latente
El ardor irresistible de esta llama
Te escribe estos versos quien te ama,
No me olvides amor... tenme presente...

Enero/19/2011

Zoraida Puentes

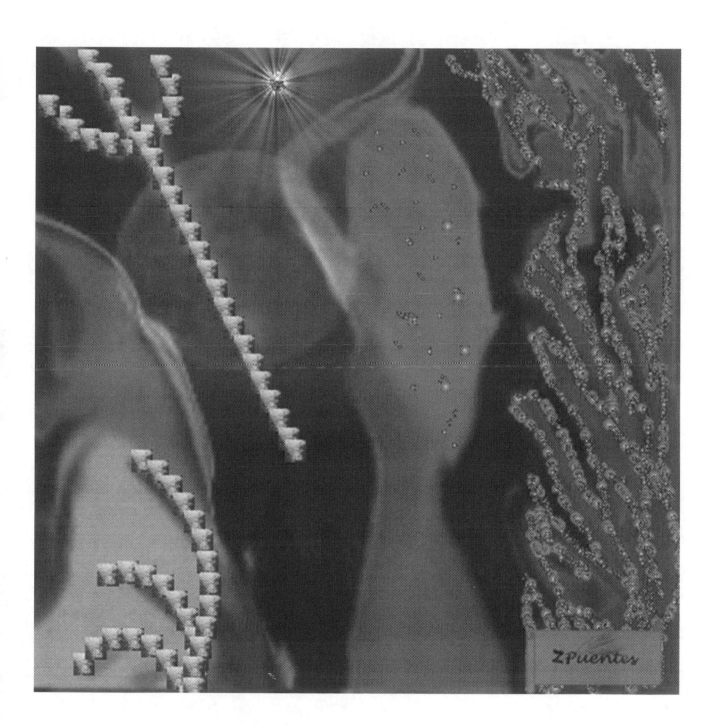

¡Perdida!

Ando entre escarcha y fuego con pie inseguro
el tridente está marcando mi regreso,
no esperes por mí ¡Ay!
Que la luna me equivoca el camino
con su palidez de doncella.

Errante voy por la noche preñada de tristeza
con un extraño sonar de caracolas,
a veces ardo... después tirito,
entre luces y sombras de este mar bravío voy,
enajenada, aturdida
prisionera del espectro de las aguas,
a veces dulce, después amarga...
no me esperes amor,
que estoy perdida...

Zoraida Puentes

Persecución.

Hay una voz que resuena en las colinas
arrastrada por el viento tormentoso de mi vida.
Me tapo los oídos, no quiero oírla…

Mas ella sigue clamando en los caminos,
acorta la distancia para cumplir mi sino,
aletea en mi cara, no me da respiro…

¡Ay, si esconderme bajo tierra en un retiro
me diera la paz de los sepulcros mismos
en el seno tranquilo del Ser infinito!…

Entonces no flotaría en una nube de penas
ni escuchara ése llamado que me aterra,
ni el día fuera noche, ni la noche eterna…

Odio a esa voz que me persigue,
la compañera más fiel de mis días tristes
que se empeña en hallarme y no desiste…

Porque me causa pavor y me domina:
Es la voz del dolor, tan conocida,
es la voz de mi dolor… que no termina…

Octubre/2010

Zoraida Puentes

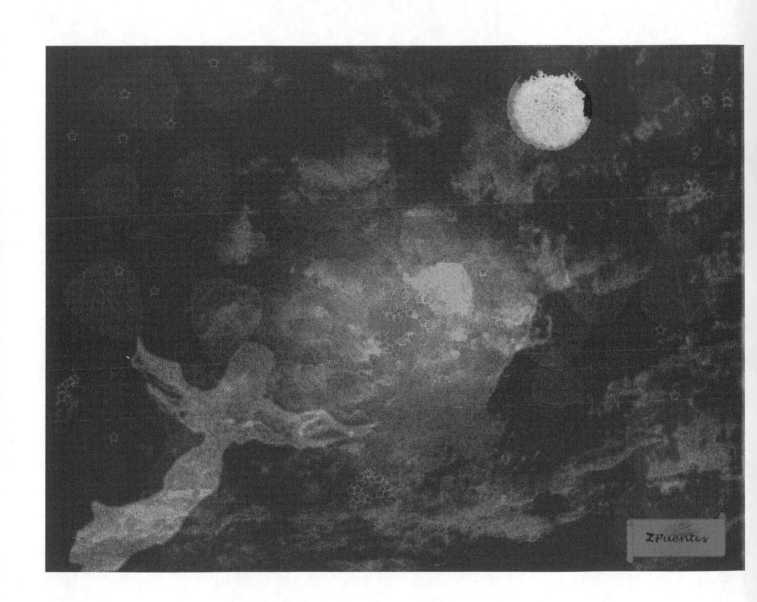

Plegaria.

Luna:
Tengo dos alas,
dame fuerza y valor para usarlas.
Permítame volar
adonde vuela el alma
aquella que tenía
y hacia él escapa...

Luna,
tú que pones en las hojas
resplandor de plata
y en los ojos mortales
luz de nácar,
déjame ver
lo que tu vista abarca
déjame verlo luna,
no seas tan mala...
aunque sea un instante,
con eso basta.

Luna:
Dile que mi voz aún le llama
que clama el corazón sin un consuelo
y que es dueño de mis noches
de desvelo...
dile luna, por favor,
que yo me muero
por una,
por una sola y única mirada...

Luna:
de hoy en adelante
seré tu esclava
si me concedieses
por un momento
brillar con tu luz,
en el firmamento
y quizá estando allí
él me mirara...

Y si así fuera,
en la ínfima fracción de un segundo
partiría dichosa de este mundo
donde nada pidiendo
todo di
y sería mi oración más fervorosa
el morir agradeciendo...
que lo vi...

19/2/2012

Zoraida Puentes

Pluma de fuego.
Prólogo.

Levántate ya mi pluma
y canta a quien lo merezca,
que tu autoestima se crezca
sobre un cenit de amargura.
En el mundo hay ternura
amor, belleza y virtudes,
en el mundo hay latitudes
que explorar en cada ocaso
y no impedirán tu paso
tristezas ni ingratitudes.

Vuela, pluma consentida
rasga con prisa el papel,
y suena cual cascabel
agradeciendo la vida.
Te confieso que aturdida
a veces pensé dejarte,
pero sería alejarte
como arrancarme la entraña
porque si tu luz me baña
es injusto abandonarte.

Levanta pluma tu voz
y resplandece en lo oscuro,
quiero ver tu fuego puro
bajo el temporal atroz.
El tiempo pasa veloz
y va cambiando de cara,
si la parca me llevara
trasladándome a lo inerte
¡Que puedan reconocerte
como la pluma de Mara!

(8/1/2011)

Zoraida Puentes

Preguntas.

¿Qué hace falta para matar a un sueño?

¿Qué hilos se mueven para destejerlo?

¿De qué remoto lugar descollará un secreto,
que dicho a grandes voces pueda romper el silencio
de tanto amor escondido en la vertiente de un tiempo
que no está ni cerca ni lejos porque se ha vuelto eterno?

Y...

¿Quién podrá arrancar los besos, aquellos que no se dieron
y sin embargo se sienten cual si fueran verdaderos?

¿De dónde viene el olvido?

¿Del pesar, del desaliento?...

¿Cómo navegar se pudiera en el barco de lo etéreo
y encallar en las arenas de las playas de un te quiero?

No se puede... ¡Ya lo sé! Que perece en el intento
el corazón que latiendo vive no más por su dueño.
El amo da un chasquido, de de dedos y está despierto...

¡Y míralo, allá en suelo...
como perece su sueño!

7/1/2011

Zoraida Puentes

¿Qué más?

Siento que me cerca un gran vacío
que ya no fluye
la sangre por mis venas,
si no puedo beber ya
el agua de tu río,
¿Qué más puede pasar?...
Llegó la pena.

La soledad
viste hoy su mejor gala,
acicalada ha llegado ante mi puerta,
su pérfida caricia me regala
y dejo que me abrace
¿Qué más puede pasar?
Al fin que ya estoy muerta...

La tarde ahora es larga
y sin prisa,
en traje de viudez
está enfundada
mirando con malicia mi hastío,
¿Qué más puede pasar?
Si ya no estás conmigo...

Y la noche burlona, sonríe al pasar
con sus dientes de estrellas
para iluminar
en el lugar preciso
donde tú no estás.
¿Qué más puede pasar?
Amor dime... ¿Qué más...

2/19/2011

Zoraida Puentes

Qué sabe nadie...

Acá, sobre este mi lecho de la enfermedad del alma,
donde se agita mi pecho y ya se marchó la calma,
donde danzan sin cesar, tantas y tantas amargas
palabras que no agonizan y de agonía me matan...
Acá estoy, porque llegué, emperatriz de un desierto
mundo que no labré, en donde el único huerto
produce un único fruto, un fruto agrio y seco...
¿Qué sabe nadie de nada, qué sabe nadie que es esto?...

Es un estertor que trepa por la fatiga del cuerpo
haciéndote ver que vives, sólo porque aún no has muerto.
Todo es prisa, desaciertos, cadáveres de ilusiones
letras de mustias canciones, llanto y risa en una hora,
fuego interior que devora... todo, todo anda revuelto.
Y gime el amor envuelto reprimiendo sus pasiones,
sin que nadie reaccione para prodigarle afecto...
¿Qué sabe nadie de nada, qué sabe nadie que es esto?...

Y a toda hora se asoman, con las caras compungidas
a tu vida, que no es vida, porque ni vives ni mueres
y lo único que quieren es ahondar más en tu herida...
Que qué me duele, preguntan... y yo de ojos cerrados
viro la cara a otro lado con la voluntad difunta,
porque es más que una pregunta, es saeta envenenada...
No quieran saber qué duele... nada me duele...

No hay nada...

(Enero/14/2011)

Zoraida Puentes

119

¿Quién por mí?

¿Quién por mí musitará una frase
de amor, de ternura y con sosiego,
va a perdonar mis desaciertos
sin llevar la cuenta y humillarme luego?...

¿Quién pondrá música en mi luto
y sellará sus notas con un beso
y podrá entender lo que yo siento
sin verse superior, sólo por eso?...

¿Y quién discernirá que en la vida
el errar es de humano en cada paso?
¿Que algunos más que otros? Es verdad;
Pero a veces lo poco es más craso...

¿Quién no dirá a la verdad mentira
y ciego no se hará por conveniencia
ni verá lo negro cual faro de luz blanca
para acallar la justa voz de su conciencia?...

¿Quién para mi escribirá un poema
sobre el párpado insomne de la luna
sin que después olvide las palabras
que me hicieron tan feliz como ninguna?...

Ahora estoy aquí, pensando sola
como cambian las cosas día a día,
infeliz de aquel que nada tiene
pues perdió hasta lo poco que tenía...

En cambio yo, aun seré dichosa
mi paz proviene de amar en demasía
que cuide pues cada cual lo que posea
que yo guardaré a mi amor... de toda hipocresía.

5/9/2011

Zoraida Puentes

121

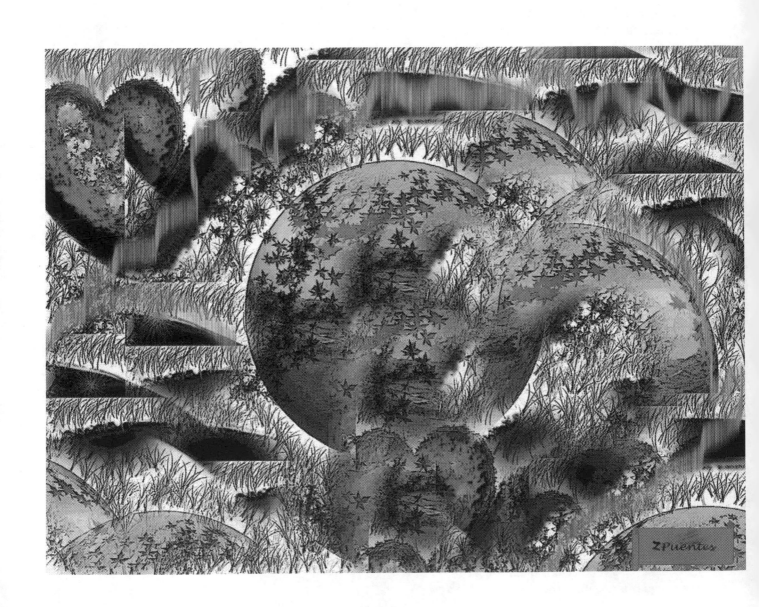

Realidad y fantasía.

Del sueño a la realidad
hay un largo puente
tan largo como el rio de una vida
imposible de cruzar,
sin ser etéreos
imposible de obviar,
sin ser divinos.

Y

¿Qué cosa tan errónea es el destino
que siempre nos aleja de lo amado?
Si hemos de vivir sólo unos años
¿Por qué anda el corazón tan dividido
y a causa de la razón es flagelado?

A veces, en las noches siento el frío
glacial de las miradas de ancestros,
no sé que quieren
no sé que miran
pero oigo los suspiros de sus pechos...

Acaso son sus sueños inconclusos
que persisten disueltos en mi sangre,
que los atan,
que los llaman
que los hacen venir a despertarme
porque saben

¡Ellos saben!...

Que la mitad de mi vida les daría
por estar con él...
sólo un instante.

31/1/2012

Zoraida Puentes

Reniegas del amor.

Repite hasta la saciedad que no me amas
Repite hasta el cansancio que no mientes
Pero yo sigo pensando que en tu cama
La cifra no da dos, da diferente.

Cuando miro a tus ojos de repente
Topo allí con tu alma asomada
Y veo un sentimiento tan vehemente
Que no alcanza a diluirse en tu mirada.

Sigue clamando que de amor no sientes nada
Anda y dilo en cada esquina de la calle,
Por mi parte no niego que estoy enamorada
Y disfruto de mi amor cada detalle.

¿Huyes de ti? Mucho peor
Cuantas cosas perderás, que ahora tienes
Si reniegas por sentir ese amor
Que te llena, te alimenta y te sostiene.

Reniegas de mí, estás en tu derecho
Una cosa te diré, si no la impides
Hay amores que no caben en un pecho
Y el mío desbordó, nunca lo olvides...

01/02/2011

Zoraida Puentes

Sepelio de un gusano.

La noche tiene la quietud de un sepulcro,
la luna, ojo de cíclope, brilla eterna en el cielo
yace un gusano, aplastado en el suelo
por besar un zapato demasiado pulcro...

La hierba rastrera acomoda compungida,
los restos infelices de quien quiso
alzar la mirada más allá del piso
y a cambio perdió su propia vida...

Llegó la mañana, turbia, áspera y fría
bostezando con un sudario en la mano
e indiferente caminó hasta el gusano,
sin sentir ningún dolor por su agonía...

Con marcado desdén, cubrió al difunto
y entre dientes murmuraba esta plegaria:
¡Qué más da, tu vida no era necesaria,
tu gran insensatez llegó hasta este punto!...

2/21/2011

Zoraida Puentes

Si así fuera.

Si alguna vez, bajasen las estrellas
y en los predios terrenales anidaran
yo aprisionaría la más bella
para recordar el fulgor de tu mirada...

Y si el sol implatara su morada
en el cenit ilusorio de mi sueño
en el hueco de un suspiro lo guardara
para sentir tu calor, mi único dueño...

Si la luna se posara en la arena
de la playa de mis lágrimas saladas
con ella hablaría de mi pena
para sentir aquella paz que tú me dabas...

Y si en mi pelo se prendiera el lucero
aquel que iluminó las madrugadas
tú sabrías entonces, que aún te quiero
y yo sabría que tú, aún me amas...

26/1/2012

Zoraida Puentes

Siempre... siempre...

Anoche me deshice de mi carga
aquélla que pesaba en mis hombros
aventé cenizas, removí escombros
mas en ninguna parte me encontraba.

A lo lejos la cordura me miraba
creyéndome quizá perdida y loca
y en el rictus amargo de mi boca
el aura de la pena retozaba.

Levanté las cobijas de la nada
miré debajo de ellas por si acaso
y si algo encontré fue el abrazo
de la inmensa soledad que me rodeaba.

Y tuve la noción confusa y vaga
de quien flota en un espacio inexistente
o de aquél que arrastrado en la corriente
busca ayuda en un barco que naufraga.

Comprendí que es muy dura y pesada
la carga que no ha sido compartida
y decidí echarla bien lejos de mi vida
cuando ya despuntaba la alborada.

La vi como caía, al vacío despeñada
y las palabras de un amigo en mi mente,
repetían incansables, siempre... siempre...
siempre llega la luz... la noche acaba.

7/10/2011

Zoraida Puentes

Sin ti en la oscuridad.

Adonde mirar, que no vea tu rostro
cómo respirar sin oler tu aroma
cómo salir del vacío que arrostro
y cómo olvidar tu inigualable persona.

Cómo devolver lo que nunca fue mío
adónde he de ir sin la luz de tu aurora
si un bosque de dolor me recibe sombrío
y no está tu mano para asirla ahora.

Navego indecisa en la tenue penumbra
del eco de un adiós, que nunca se dijo
buscando tu estrella que ya no me alumbra
y siempre en mis labios tu nombre bendito.

No tengo descanso, me duele la vida
la luna es negra cual sol del averno
mi vela está rota, mi nave perdida
naufraga en las olas de un clamor eterno...

(22/1/2012)

Zoraida Puentes

¡Sola!

Amanece...
Un día gris se insinúa sobre la cumbre Nevada
De mi alma atormentada donde el dolor no fenece.
No fue la noche tan negra, ni fue demasiado larga
Pero dejó en mis espaldas el peso de una condena,
Cual fantasma en cadenas que sobre mí se adormece.

Y sigo sola... solita como he nacido...
Tengo familia y amigos pero me siento muy sola;
Como la mar sin su ola, o como un barco perdido
Cuyo faro ennegrecido le niega la luz que otrora
Le brindaba a toda hora en un mar embravecido.

Y mi puerto... ¿Dónde está? ¿Yo tuve una vez un puerto?
No lo sé, no lo recuerdo, y si existió, ya no más...
Soy náufraga en la soledad de un océano hirviente
Donde la lluvia inherente ya no cesará jamás
Y el cielo se mostrará negro, frío e inclemente.

¿Qué me queda?... Si mis soles, siempre fueron apagados
Mis senderos desviados, mis aguas densas y amargas
No hay nada que bien me salga, no hay en mi mano asidero
Ni alivio a mi desespero ni llevador de mi carga;
¿Qué más da que el sol no salga? Igual en el día muero...

9/11/10

Zoraida Puentes

131

Sólo preguntas...

¿De qué color son los ecos del silencio
y donde anidarán las frases huecas
de qué arenas están hechos los cimientos
del sepulcro donde yacen
las palabras muertas...?

¿De dónde proviene el viento adverso
que clavó alfileres en torno de mi puerta
ese aire fétido y letal de lo perverso
que amontonó ilusiones
y esperanzas secas...?

¿Qué olor tendrá ese fuego crepitante
que consume mi alma y la devora
sin dejar que jamás vea la aurora
ni pensar que ha sufrido
ya bastante...?

¿Dónde está esa voz que tanto ansío
y se esconde entre las sombras por cobarde
sin saber que mañana será tarde
porque habrá un cadáver
en este lugar mío...?

¿Que se hicieron las nubes sonrosadas
que jugaban en las cuencas de mis ojos
que sin nada prometer tanto juraban
y negándolo siempre
me lo daban todo...?

¿Y qué fue de mi vida...
aquélla que tenía a mi manera?
Ahora viene y va, como vacía
sin sueños... sin luz...
entre el dolor y la pena...

7/26/2011

Zoraida Puentes

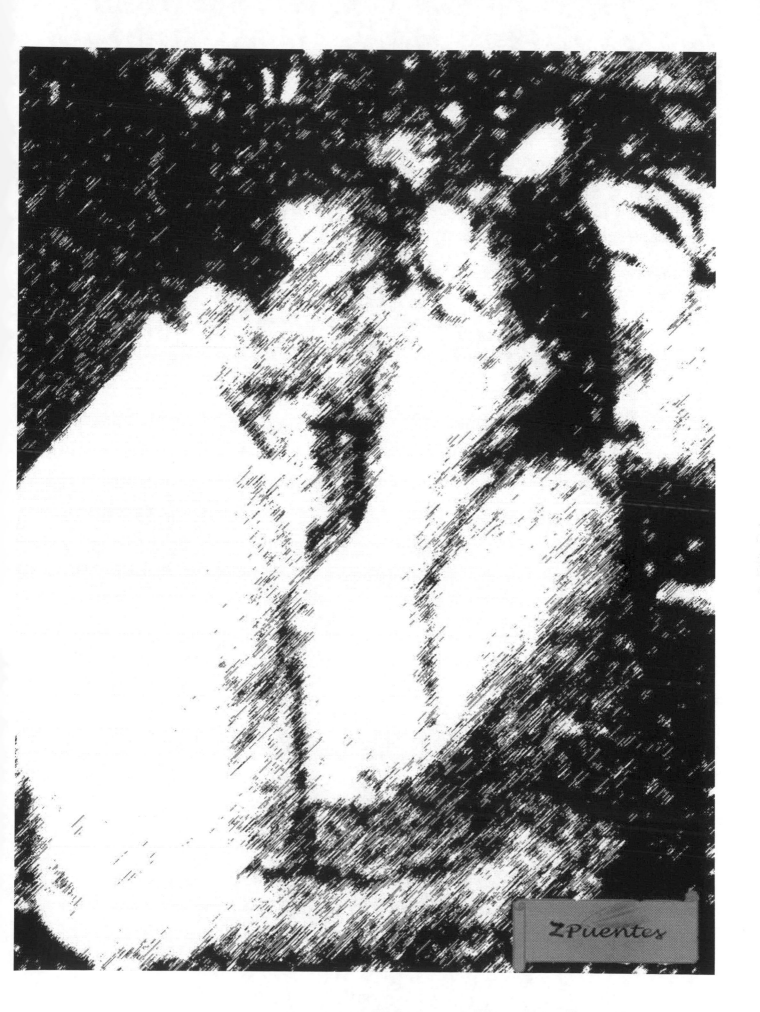

Somos

Somos
Dos aves que volando en el espacio
De la tenue claridad de una esperanza
Nos fundimos un día en un abrazo
Con la mente, el corazón,
Y nuestras almas.

Somos
El eco de dos voces que la brisa
Desgrana cada noche enamorada
En el cáliz de la flor de una sonrisa
Cuando digo y me dices,
Que me amas.

Somos
Ese sueño de amor, que se retoca
Asomando a la luz de nuestros ojos
Llenando de deseos nuestras bocas
Desbordando la copa
Sensual de los antojos.

Somos
Lluvia y sol, invierno y primavera
Rayo hiriendo las tinieblas del olvido
Realidad manifiesta y no quimera
Somos dos seres,
Que siempre se han querido...

01/23/2011

Zoraida Puentes

Soy fuerte

Soy fuerte, yo puedo
escalar los mares y bajar al cielo,
puedo fundir barro y moldear acero
y tomar en una mano al mundo entero.

Puedo sacar agua de una piedra,
echar mi ancla con un cabello
tomar un rayo de sol
sin que se quemen mis dedos
y en el cuerno de la luna
sentarme a leer mis versos.

Puedo apagar una estrella
con el soplo de mis labios,
convertir en montaña
la giba del dromedario
y aparentar ser feliz
aun arrasada en llanto.

Yo soy fuerte,
no sabía que lo era
pero esta primavera
me volvió a rondar la muerte
y resurgí de lo inerte
en brazos de una quimera.

¿Y qué más?
Estoy contenta
porque yo guío mis pasos
aunque nadie los entienda
y si se tuercen yo sé
que hay alguien que los enmienda.

Yo soy fuerte, sobrevivo...

(24/5/2011)

Zoraida Puentes

Soy.

Soy cubana, soy guajira
Palma real bajo el sol
Sinsonte en el arrebol
De tonada campesina.
Me gusta oír las gallinas
Reclamando a sus polluelos,
Y al pájaro carpintero
ahuecando en una encina.

Me gusta ver del arado
El surco que va dejando
Y a las garzas caminando
Para tragar de un bocado
Al gusano desdichado
Que saca afuera la reja
Y destapado lo deja
Al borde de lo surcado.

Me encanta en la madrugada
Oír los perros ladrar
Y a los guajiros gritar
Arreando la vacada,
Y me gusta más que nada
Cuando cae un lloviznaso
Contemplar el reventaso
De la semilla sembrada.

Soy cubana, soy guajira
Pura sangre hay en mis venas
A mí no me matan penas
Ni me asustan las heridas.
Ya mucho sufrí en la vida
Qué más da otra condena
¡Yo sé romper las cadenas,
E ir con la frente erguida!

01/25/2011

Zoraida Puentes

Sueños

Todo es realidad cuando se sueña
y en alas de la fe los sueños crecen
dichoso es aquél que se empeña
y vive feliz donde se mecen
Las quimeras que al alma estremecen
quimeras de amor,
que sólo el amor teje y diseña.

Yo de mis sentires soy la dueña
y vivo feliz a mi manera
los sueños son mis más preciada enseña
pues ellos me acompañan donde quiera
y sólo morirán, cuando me muera,
si se cumplen o no...

 Yo soy quien sueña.

(9/9/2011)

Zoraida Puentes

Tan sólo eso...

A la entrada de mi puerta está el amor
y envuelta en él, está tu imagen
en las manos de tu imagen, una flor
y esa flor, va colgada de mi talle.

Así es, conmigo danzan
en constante frenesí
tus pensamientos
y las horas del día no te alcanzan
para sentirte infeliz,
porque estoy lejos.

Pero mira... hay un lugar,
donde se mecen arrobados
los recuerdos
y allí se fecundan los deseos
para dar a luz,
un tiempo nuevo.

Tiempo de dicha, tiempo de paz
de alegría y sosiego.
Tiempo para amar...
tiempo de vernos.

Yo de mí, todo te confieso
pero ay de quien guarde
su verdad y sentimientos
pues será arrastrado
cual hoja por el viento
cual nave sin vela,
sin faro y sin puerto.

Hace tiempo te dije todo esto
mas hoy te lo repito por si acaso
recuerda, que no hay día sin ocaso
y que el tiempo se va...
tan sólo eso.

6/2/2012

Zoraida Puentes

Te amo.

Te amo,
más allá de la frontera establecida
en la materia muerta
que da vida a otra vida
si fueras árbol
en tus ramas seré pájaro.

Te amo,
aún después del esplendor de tu ocaso
sabré hallar el calor de tu abrazo
y en la noche más oscura,
tu amparo.

Te amo,
y si convertido en nube
flotases en el viento
yo sería el sol
irradiando sentimiento
para teñir tus bordes de dorado.

Te amo,
si agua fueras,
seré rio conteniendo tu frescura
y en mi cauce hallarás
blanda ternura
reflejando la luz,
de un día claro.

Te amo,
porque soy golondrina enamorada
que voló a tu horizonte ilusionada
para hallar lo que siempre
había soñado.

Te amo,
y si a veces te herí
con mis agravios
perdóname mi amor
fueron mis labios,
jamás mi corazón
se ha enojado...

(16/feb./2012)

Zoraida Puentes

Te amo así.

Amor,
qué dulces son las horas que contigo
pasan raudas galopando en la noche,
qué tibia paz yo siento al abrigo
de la tierna mirada de mi hombre.
Y es que colmas con creces todo aquello
que ya no esperaba de la vida,
al final del negro túnel vi el cielo
y la luz del sol de tu sonrisa.

Por eso soy feliz de cualquier modo
si un minuto, si dos, si una hora,
porque estando a tu lado tengo todo
tengo luz, tengo amor, y eso me sobra;
Y ya ves, que para amarte me doy prisa,
pues no quiero perder un solo instante
en satisfacer este vicio de besarte
y de llenar tu cuerpo de caricias.

Y te amo así,
afiebrada entre tus brazos
y nada hay que desee más que esto:
que ellos se transformen en un lazo
y que jamás se zafaran de mi cuerpo.

22-01-2011

Zoraida Puentes

Tiempo final.

Ya no recobraré
las horas que perdidas
rodaron por el polvo
sediento del olvido,
ya nunca volveré
a pintar amaneceres
sobre el lienzo de su cuerpo
con los suspiros míos...

Jamás podré saber
quién canta mis canciones
quién recita mis versos
o recuerda mi nombre...
Lo único que sé
es que mi llama arde
que soy agua de mar
que soy ave del monte...

Que se acabó mi tiempo
y en lontananza veo,
al caballo rojo de la tarde
hollando el horizonte de mi cielo;
sola, lazada en mano
y a pie firme lo espero...
¡Sí... cabalgaré sobre él,
marcharé de prisa,
hacia las negras manecillas
del reloj siniestro!

14-01-2011

Zoraida Puentes

Tu lluvia.

¿Qué más puedo decirte de tu lluvia?...
Tu lluvia despertó algo tangible
Algo tan sublime e increíble
Como el nacer de una luz en la penumbra,
Tu lluvia se hizo llama, se hizo tumba,
Quemó y enterró mis sinsabores
Alimentó la brasa apagada en los albores,
De un amor doliente que sufría más que nunca.

Me sentí capaz... ¡Viva! No difunta
Luché por mi premisa más ansiada,
Si es pecado el estar enamorada
Prefiero la condena a emitir una renuncia.
Tu amor es para mí como las nupcias,
Del día y la noche cuando acaba,
Se besan un instante, y se marchan,
Pero vuelven al final cada jornada.

¿Qué más puedo decirte de tu lluvia?...
Que marcó el inicio del fin de mis congojas
Que lavó mis penas, empolvadas cual las hojas
Del desierto pavoroso de las sombras,
Porque tu amor para mí, es nave anclada
Disfrutando una caricia en cada ola,
Como el soplo del viento, que a solas
Cubriéndola de besos la enamora.

¿Qué más puedo decirte de tu lluvia?...
Que la siento mía... aunque sea para otra.

Enero/19/2011

Zoraida Puentes

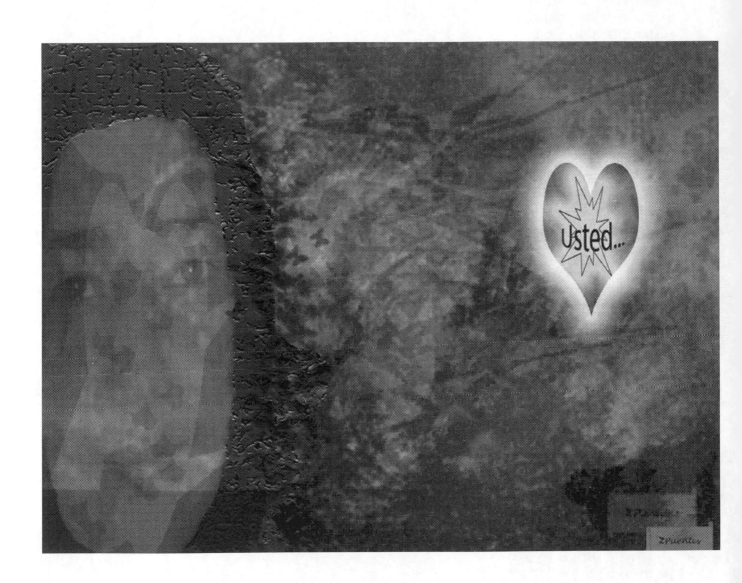

Usted.

Usted despertó sensaciones nunca concebidas
usted me hizo andar el mejor de los caminos
me hizo emperatriz de un lago de aguas claras
que solo en mi mente había existido.

Por eso es que también yo le agradezco
todo el dolor de este tiempo transcurrido,
usted fue una luz en el bosque de mis sueños
tan oscuros siempre, tan llenos de gemidos.

¿Cómo no agradecer, cuando ocupó el lugar
de las horrendas pesadillas de mis noches...
Si me dio paz y alegría, si al despertar
sentía en los labios el sabor de su nombre?

Jamás lo olvidaré, usted muy bien lo sabe
como sabe por qué retomo mi camino
acaso un día que usted piense en el pasado,
diga sin creerlo, que fue cosa del destino.

3/30/2011

Zoraida Puentes

Vidas.

Años quebrados
vanos intentos
pequeñas alegrías
grandes sufrimientos;

Dolor, siempre dolor
dolor y este frio intenso,
que te anuncia la impiedad
de un final que está viniendo
cabalgando en las alas
de los ecos del silencio,
donde agoniza la aurora
vestida de azul y fuego
y las voces son de arena
porque de polvo es tu cuerpo...

Y va contando la noche
que ya no vives, que has muerto
que se ha secado tu árbol
y se acabó ya tu tiempo...

Son vidas, sólo vidas,
que pasaron por lo eterno...

(14/9/2011)

Zoraida Puentes

Yo sé que tú sabes.

Ya no diré adiós,
para qué, si siempre vuelvo
si una y otra vez cuando me alejo
me buscas endulzando alguna frase
me derrites, me envuelves, me rehaces
me regalas con la miel de tu ternura
y yo reflejo tu luz, como la luna
luna enamorada en su creciente fase...

Yo sé bien que todo lo que haces
lo haces por mi bien, porque me quieres
yo sé que te obligas a no verme
pero hinco en tu mente cual abrojo
yo sé que tú sabes que de hinojos
he pedido perdón, por tanto amarte
que te haría feliz con olvidarte
aunque me lleves prendida de tus ojos...

7/23/2011

Zoraida Puentes

Yo sé.

Yo sé que en tus noches junto a ella
temblarás por el recuerdo de mis noches
que jamás serás feliz, que sus reproches
harán de cada instante una querella.

Yo sé que mi amor es tu condena
que aún siéndome infiel tú me prefieres
aunque vayas en pos de otras mujeres
yo soy en realidad la que te llena.

Pero tú no has pensado en el hastío
del pájaro enjaulado, siempre preso
que a través de los barrotes de tu beso
ve pasar el verano hacia el estío.

Cuidado amor, si dejo de quererte
y un día comprendes que eres mío
te vas a enfrentar al desafío
de que sea yo, la que ya no quiere verte.

(10/2010)

Zoraida Puentes

Yo.

Yo,
tu peor pesadilla
jamás osé romper el sueño guardado en tus pupilas;
eran míos tus desvelos y mías tus vigilias
mío el fragor de la lluvia que a tu corazón hería
y mío el dolor de las miserias y de tus angustias calladas
al buscar con honradez el pan para tu familia...
Eran mías...
Mías tus noches largas
y tus horas amargas en mi mente hacían fila;
Pero tú no lo veías...
Yo,
tu peor pesadilla
procuré poner el alma en todo lo que por ti hacía
y por no ver tu rostro triste llenaba el mío de risa;
Pero tú nunca la oías...
Yo no intenté hacerte daño
y escalé cada peldaño de una escalera encendida
que no tocaba mi ropa pero quemaba mi vida...
Ahora, que ya no estoy más,
que eres libre de mí, estoy contenta,
porque si eres feliz, yo tengo paz
y de lejos velaré, cuando tú duermas...
Yo,
tu peor pesadilla.

Agosto/20/2012

Zoraida Puentes